CODE CIVIL

DES SERVITUDES
OU SERVICES FONCIERS

par

A. MONNEUSE

Licencié en Droit. — Ancien Notaire

Suppléant à la Justice de Paix de Chauny (Aisne)

CHAUNY

Imprimerie-Papeterie E. Trouvé

—

1893

CODE CIVIL

Des Servitudes ou Services Fonciers

CODE CIVIL

DES SERVITUDES

OU SERVICES FONCIERS

par

A. MONNEUSE

Licencié en Droit. — Ancien Notaire
Suppléant à la Justice de Paix de Chauny (Aisne)

CHAUNY

Imprimerie-Papeterie E. Trouvé

—

1893

CODE CIVIL

DES SERVITUDES OU SERVICES FONCIERS

DÉCRET

DU 10 PLUVIOSE AN XII, PROMULGUÉ LE 20 PLUVIOSE
(31 janvier et 10 février 1804)

637. Une servitude est une charge imposée sur un héritage pour
l'usage et l'utilité d'un héritage appartenant à un autre propriétaire.

638. La servitude n'établit aucune prééminence d'un héritage sur
l'autre.

639. Elle dérive ou de la situation naturelle des lieux, ou des
obligations imposées par la loi, ou des conventions entre les propriétaires.

La définition que l'article 637 donne de la servitude
indique que la servitude personnelle n'existe plus.

En apparence, on pourrait croire le contraire, parce
qu'on voit souvent certains héritages servir à l'usage particulier de personnes déterminées.

Mais, ces usages particuliers dont sont favorisés certaines
personnes, ne sont que des *usufruits* ou des droits *d'usage*
qui, en raison de leur nature d'usage ou d'usufruit, prennent
fin avec les personnes.

L'article 638 n'établit pas une situation nouvelle ; on
aurait pu se dispenser de l'inscrire dans la loi, les privilèges
de toutes sortes, ayant été abolis par la loi des 28 septembre
et 6 octobre 1791.

L'article 639 assigne à la servitude foncière, qui est la seule conservée, une triple origine :

La situation naturelle des lieux ;

La loi ;

Et les conventions.

CHAPITRE PREMIER

DES SERVITUDES QUI DÉRIVENT DE LA SITUATION DES LIEUX

640. Les fonds inférieurs sont assujettis envers ceux qui sont plus élevés, à recevoir les eaux qui en découlent naturellement sans que la main de l'homme y ait contribué. — Le propriétaire inférieur ne peut point élever de digue qui empêche cet écoulement. — Le propriétaire supérieur ne peut rien faire qui aggrave la servitude du fonds inférieur.

641. Celui qui a une source dans son fonds peut en user à sa volonté, sauf le droit que le propriétaire du fonds inférieur pourrait avoir acquis par titre ou par prescription.

642. La prescription, dans ce cas, ne peut s'acquérir que par une jouissance non interrompue pendant l'espace de trente années, à compter du moment où le propriétaire du fonds inférieur a fait et terminé des ouvrages apparents destinés à faciliter la chute et le cours de l'eau dans sa propriété.

643. Le propriétaire de la source ne peut en changer le cours, lorsqu'il fournit aux habitants d'une commune, village ou hameau, l'eau qui leur est nécessaire ; mais si les habitants n'en ont pas acquis ou prescrit l'usage, le propriétaire peut réclamer une indemnité, laquelle est réglée par experts.

644. Celui dont la propriété borde une eau courante, autre que celle qui est déclarée dépendance du domaine public par l'article 538 au titre *de la Distinction des biens*, peut s'en servir à son passage pour l'irrigation de ses propriétés. — Celui dont cette eau traverse l'héritage peut même en user dans l'intervalle qu'elle y parcourt, mais à la charge de la rendre, à la sortie de ses fonds, à son cours ordinaire.

645. S'il s'élève une contestation entre les propriétaires auxquels ces eaux peuvent être utiles, les tribunaux, en prononçant, doivent concilier l'intérêt de l'agriculture avec le respect dû à la propriété : et, dans tous les cas, les règlements particuliers et locaux sur le cours et l'usage des eaux doivent être observés.

646. Tout propriétaire peut obliger son voisin au bornage de leurs propriétés contiguës. Le bornage se fait à frais communs.

647. Tout propriétaire peut clore son héritage, sauf l'exception portée en l'article 682.

648. Le propriétaire qui veut se clore perd son droit au parcours et vaine pâture, en proportion du terrain qu'il y soustrait.

Les neuf articles de ce chapitre renferment trois choses :

1ent Les obligations et avantages qui résultent de la situation des lieux ;

2ent Le droit de bornage ;

3ent Et le droit de clôture.

SECTION PREMIÈRE

Des Obligations et Avantages
qui résultent de la situation des lieux

§ Ier

De l'obligation pour les fonds inférieurs de recevoir les eaux qui descendent des fonds supérieurs

Les eaux qui découlent *naturellement* des terrains supérieurs, sont reçues sans indemnité par les propriétaires des terrains inférieurs, et les propriétaires de ces derniers terrains ne doivent rien faire pour empêcher cet écoulement.

Les eaux qui découlent ainsi, sont les eaux de pluie, les eaux qui proviennent de la fonte des neiges et les eaux de source, qui, sans cours, s'épandent sur le sol.

La descente naturelle des terres, des pierres, du fumier ou autres choses, qui des propriétés supérieures passent sur les terrains inférieurs, sont dans les mêmes conditions que les eaux courantes.

Ceux qui possèdent les propriétés inférieures sont obligés de les recevoir, sans pouvoir prétendre à aucune indemnité.

La servitude de l'écoulement naturel des eaux, dont la justification est dans l'article 640, frappe indistinctement les propriétés *publiques* et les propriétés *privées*.

Les propriétés publiques, les chemins, par exemple, doivent même recevoir les eaux qui ne découlent pas naturellement des terrains supérieurs.

Ainsi, quand les eaux qui tombent sur le chemin, eaux dont le cours n'est pas naturel, viennent à quitter ce chemin, les propriétaires des terrains inférieurs ne sont pas tenus de les recevoir sans indemnité, et peuvent même s'opposer à leur passage.

Ce n'est que, lorsque les eaux qui traversent le chemin s'écoulant par leur pente naturelle, qu'elles peuvent s'épandre sans indemnité et sans opposition, sur les héritages inférieurs de l'autre côté du chemin.

Si, d'après l'article 640, les propriétaires des terrains inférieurs ne peuvent faire obstacle à l'écoulement naturel des eaux, et les refouler sur les terrains supérieurs.

Les propriétaires des terrains supérieurs, de leur côté, ne peuvent rien faire qui aggrave la servitude des fonds inférieurs.

Les propriétaires des fonds supérieurs peuvent donner à leur culture telles dispositions qu'ils jugent devoir lui donner ; ils peuvent faire de leurs propriétés ce qu'ils croient nécessaire, sans que les propriétaires des terrains inférieurs puissent s'y opposer.

Les eaux, qui naturellement des terrains supérieurs, descendent sur les terrains inférieurs, n'appartiennent à personne, l'*occupation* seule en établit la propriété.

Celui dont elles traversent l'héritage peut s'en servir à leur passage, et en disposer comme il l'entend, à moins que les propriétaires inférieurs n'y aient acquis un droit.

Le Code civil ne fait pas mention de l'acquisition du droit aux eaux qui descendent naturellement des terrains supérieurs sur les terrains inférieurs, parce que ces eaux sont le plus souvent, plutôt une gêne qu'un bénéfice.

Mais ce que la loi n'a pas fait, la doctrine et la jurisprudence l'ont établi, dans certaines circonstances.

On décide, parfois, que l'acquisition à la *continuité* de l'eau courante, dont les règles sont dans l'article 640, peut s'acquérir non seulement par titre, mais aussi par la prescription et la destination du père de famille.

§ 2

Des droits du propriétaire qui a une source dans son fonds

Celui dont la source a sa naissance dans son fonds peut en user à sa volonté, en changer le cours, la céder même à un tiers (article 641).

A moins toutefois, que le droit à la participation de cette source n'ait été acquis par un propriétaire inférieur, soit par titre, soit par prescription (article 641) ou que cette source ne soit nécessaire aux besoins personnels des habitants d'une commune, d'un village ou d'un hameau (article 643).

Dans ces deux cas, le propriétaire de la source, s'il ne

peut la détourner de son cours, ni la céder en tout ou en partie, peut cependant s'en servir pour lui-même et l'employer non seulement pour ses besoins personnels, mais pour ses autres usages, son industrie ou son commerce.

Revenant à l'article 641, c'est-à-dire à ce qu'il indique que le droit à l'eau de la source peut s'acquérir par titre ou par prescription.

Il y a encore là un oubli plus caractérisé que celui qui précède, oubli que la doctrine et la jurisprudence ont aussi fait disparaître.

Du moment, surtout, où l'acquisition de la servitude de l'eau de source peut avoir lieu par prescription, elle peut aussi avoir lieu par la destination du père de famille.

Du reste, en raison des exigences de l'article 642 relativement à l'acquisition par prescription du droit à l'eau de la source, la destination du père de famille est, avec le titre, le seul mode d'acquisition pratique.

L'article 643 indique la seconde restriction aux droits du propriétaire de la source, restriction qui consiste dans la défense de détourner le cours de l'eau de la source, ou de disposer de l'eau de cette source, en faveur d'un tiers, quand l'eau de cette source est nécessaire aux besoins d'une commune, d'un village ou d'un hameau.

Ces besoins, comme il a déjà été dit, ne sont que les besoins personnels des habitants à l'eau de cette source.

L'alimentation des puits et des fontaines doit être sauvegardée ; mais la réserve qui est faite par l'article 643, ne s'étend ni aux besoins agricoles ni aux besoins industriels.

Et, quand dans cet article 643, il est parlé de hameaux, il ne faut pas entendre par ce mot hameaux, quelques habitations isolées.

Dans le Code, il n'est parlé que des droits et obligations du propriétaire de la source, mais les propriétaires des terrains traversés par le cours de cette source ont aussi des droits et des obligations.

Les propriétaires dont les héritages sont bordés ou traversés par le cours d'eau de la source, peuvent, sans exception, se servir de cette eau à son passage, pour les besoins de leurs fonds, mais seulement pour ces fonds, et dans la limite de leurs besoins.

Quand ils ont usé de ces eaux dans le sens ci-dessus, ils doivent, à la sortie de leur propriété, les rendre à leur cours naturel.

Ceux des propriétaires qui n'ont de titre que la tolérance, comme ceux qui ont un droit acquis, sont tenus des mêmes obligations.

Les propriétaires qui ont un droit acquis ne pourraient se prévaloir de ce droit acquis, parce que ce droit acquis est un droit de servitude qui ne leur assure que l'usage de l'eau et non sa propriété.

Cette similitude de position entre celui qui n'a qu'un titre précaire, la tolérance, et celui dont le droit a une existence légale, pourrait faire croire qu'il est indifférent d'avoir un droit ou de n'en pas avoir.

Le penser ainsi, ce serait se tromper, car celui qui profite de l'eau par simple tolérance, peut s'en trouver dépossédé par le propriétaire de la source quand il plaira à celui-ci.

Le propriétaire de la source pourra, quand il voudra, en détourner le cours, l'absorber tout entier ou céder la source.

Celui qui a un droit, au contraire, n'est point exposé à ces éventualités.

§ III

*Des droits des propriétaires dont les terrains sont bordés
ou traversés par un cours d'eau*

Les règles posées par les articles 644 et 645 ne
s'appliquent pas aux rivières navigables et flottables; ces
règles ne s'appliquent pas non plus aux *eaux courantes*, qui
sont régies par l'article 640.

Les règles posées par les articles 644 et 645 s'appliquent
seulement aux rivières *non navigables ni flottables*.

Ces cours d'eau, les rivières non navigables ni flottables
n'appartiennent à personne, les riverains n'ont aucun droit
de propriété sur ces cours d'eau.

Et si les riverains ont certains avantages à l'égard des
rivières non navigables ni flottables, ce n'est pas parce
qu'ils ont un droit de propriété sur ces cours d'eau,
c'est pour les indemniser des désagréments que ce voisinage
leur cause.

Ces avantages ou compensations consistent, notamment,
à pratiquer des saignées dans ces rivières, à établir des
rigoles dans les héritages qu'elles bordent ou traversent.

Par ces saignées qu'ils peuvent faire, les propriétaires
des héritages bordés ou traversées sont libres d'amener les
eaux de ces rivières dans ces héritages.

Ils peuvent s'en servir, d'après le texte de la loi, pour
l'amélioration de leurs propriétés, et aussi, par extension
de la pratique, pour l'exercice de leur commerce et de leur
industrie.

La seule obligation qui leur incombe, c'est, quand les
eaux ne leur sont plus utiles, de les rendre à leur
cours.

Cette obligation, d'après l'article 644 *in fine*, ne s'appliquerait qu'à l'héritage traversé ; mais la jurisprudence a réparé l'anomalie résultant de la distinction, et rendu l'obligation de rendre les eaux communes aux deux cas, que les héritages soient bordés ou traversés.

Le Code n'a prévu que l'irrigation des propriétés bordées ou traversées par des rivières non navigables ni flottables.

Mais la loi du 29 avril 1845 est venue étendre ses dispositions à cet égard.

Le droit d'irrigation a été étendu à d'autres héritages séparés des fonds bordés ou traversés par des propriétés appartenant à des tiers.

Ces fonds intermédiaires ont été, par cette loi, grevés d'un droit de passage au profit de l'écoulement des eaux.

Et si l'étendue donnée à l'irrigation vient à préjudicier à ceux qui sont en aval des terrains bordés ou traversés, la justice ordinaire s'appuyant sur l'article 645, fait respecter leurs droits.

L'administration, du reste, qui a un droit de police sur ces petites rivières, tient la main au maintien d'une équitable répartition de leurs eaux.

Dans un autre ordre d'idées que celui de la loi de 1845, c'est-à-dire non pour donner de l'humidité aux fonds qui en manquent ou n'en ont pas assez, mais pour dessécher les terrains trop humides, a été faite la loi du 10 juin 1854, sur le drainage.

Le drainage est l'assèchement d'un terrain humide, par la conduite des eaux souterraines de ce terrain, à travers les propriétés voisines, afin de les faire déverser dans un cours d'eau ou un fossé d'écoulement.

Tout propriétaire d'un terrain humide peut le réclamer ;

tout propriétaire, dans ces conditions, y a droit, et ce droit existe en sa faveur, sans qu'il ait besoin de le demander.

Mais si le droit au drainage est absolu, celui qui veut en user, ne doit pas cependant se permettre d'user du terrain de son voisin, sans l'avoir préalablement averti.

Le voisin peut avoir des objections à faire, soit sur la nécessité du drainage, soit sur sa direction, soit sur l'opportunité du moment, soit sur le diamètre des drains à employer, la loi lui réservant le droit de se servir de ces mêmes drains, soit pour d'autres causes.

Si un accord amiable n'intervient pas, le juge de paix, qui mieux qu'aucun autre, peut se rendre compte des droits et prétentions de chacun, a toute compétence, en vertu de l'article 5 de la loi précitée, pour trancher la difficulté.

Le drainage décidé à l'amiable ou réglé par justice, le propriétaire qui veut assécher son terrain, sous la réserve toutefois d'une indemnité, ouvre des tranchées dans le terrain voisin qu'il doit traverser, y place des drains jusqu'à la rencontre d'un cours d'eau ou d'un fossé d'écoulement.

Toutes les difficultés postérieures à l'établissement de ces drains seront, comme celles qui ont pu précéder cet établissement, de la compétence du Juge de paix.

Les maisons, cours, jardins, parcs et enclos attenants aux habitations, sont aux termes de l'article 1er de la loi de 1854, exceptés de cette servitude de passage des eaux du drainage.

Cependant, si les travaux de drainage effectués, les terrains où ces travaux ont été faits changeaient de nature, si des maisons étaient bâties sur ces terrains, ou si pour une cause ou une autre, ils étaient convertis en cours, jardins, parcs, enclos attenant à une habitation, ces travaux nécessités par le drainage seraient conservés.

Quoique bien antérieure à la loi de 1845 et à celle de 1854, la loi du 14 floréal an XI, sur le curage des rivières non navigables ni flottables, doit toujours être considérée comme le complément des dispositions de celles-ci.

Et, sauf, ce qui est administratif, les règles tracées dans la loi du 14 floréal an XI sont applicables au curage des fossés communs, bordant ou traversant un grand nombre de propriétés, et pour le curage desquels il n'est rien dit au Code civil.

Les *fossés communs* appartenant pour leur lit, à chaque propriété, pour la partie du fossé qui lui fait face.

Et leur cours étant dans l'intérêt de tous les riverains, qui ont également droit à son libre parcours.

Le curage de ces fossés doit se faire simultanément, comme le curage des rivières non navigables, ni flottables, et les frais de curage doivent être proportionnés aux étendues des propriétés riveraines.

Il n'y a que la direction administrative des travaux, et le règlement, par suite d'un rôle ad hoc, qui soient particuliers au curage des rivières non navigables ni flottables.

Quand pareille situation se présente en justice de paix, le juge, à défaut d'autres règles, doit, par comparaison, appliquer la loi du 14 floréal sus rappelée, sauf à remplacer par d'autres dispositions ce qui est administratif.

SECTION DEUXIÈME

Du Bornage

646. Tout propriétaire peut obliger son voisin au bornage de leurs propriétés contiguës. Le bornage se fait à frais communs.

Le bornage, c'est-à-dire l'action qui a pour but de

poser des limites ou plutôt de donner des points de repaire à ces limites, est imprescriptible, et on ne peut y renoncer.

L'action en bornage n'appartient qu'à celui qui a un droit à la propriété, et pour que cette action puisse être exercée, il faut que les propriétés soient contiguës.

L'existence d'une rivière, d'un chemin, d'un obstacle qui ne peut être déplacé, est un empêchement à la contiguïté exigée.

L'existence d'un sentier privé, d'un ravin ou d'un ruisseau appartenant à l'une ou à l'autre des deux propriétés pourrait être aussi un empêchement à la contiguïté, lorsque le sentier, le ravin ou le ruisseau sont à la limite de l'une ou de l'autre propriété et leur servent de démarcation.

L'article 646 n'a certainement voulu viser que les *propriétés rurales*, c'est-à-dire celles qui ne sont pas bâties.

D'après certains auteurs, et ces auteurs ne sont pas les moins autorisés, non seulement lorsqu'il existe des murs, mais aussi lorsqu'il existe des haies, des arbres, des épines de foi, il n'y a pas lieu à bornage.

Mais, même quand la propriété n'est pas bâtie, lorsque la propriété, et le titre qui l'établit sont contestés, la demande en bornage est une demande en revendication dont la compétence appartient au tribunal de première instance.

Ce n'est que lorsque le bornage n'a pour but que de fixer contradictoirement les bornes, et qu'aucune question de propriété n'est soulevée que le tribunal de paix est compétent.

Ces conditions mises à la compétence du juge de paix rendent ses fonctions inutiles dans beaucoup de cas, et les rendraient inefficaces d'une façon absolue, si une distinction n'était à faire.

Quand on invoque seulement, pour justifier son droit,

une possession de moins de trente ans, il n'y a pas contestation sur la propriété, et par suite le juge de paix est compétent.

Quand on accepte l'arpentage, en disant qu'on l'accepte, mais à la condition que cet arpentage se fera seulement dans les limites de la jouissance actuelle, il n'y a pas, dans cette réserve, contestation sur la propriété, et par suite le juge de paix est compétent.

Le bornage une fois fait, soit à l'amiable, soit judiciairement, est un *titre*.

Le bornage ainsi fait, ne peut être refait que d'accord ou par les voies judiciaires, si les voies judiciaires sont encore permises.

Lorsque le bornage est judiciaire, ou lorsque amiable, il est contradictoire, ce bornage fait titre, et faisant titre, il fait obstacle, du moins pendant trente ans, à tout nouveau changement.

Si après un bornage judiciaire ou un bornage amiable contradictoire, il était demandé, soit avant trente ans, soit après trente ans, un nouvel arpentage, ce ne serait que pour le replacement des bornes dans les limites et conditions du premier arpentage.

Le bornage se fait à frais communs, article 646 ; mais l'arpentage, opération préalable au bornage, se fait au point de vue de la dépense, proportionnellement à l'étendue des terrains arpentés.

SECTION TROISIÈME

Du Droit de Cloture

647. Tout propriétaire peut clore son héritage sauf l'exception portée en l'article 682.

648. Le propriétaire qui veut se clore perd son droit au parcours et vaine pâture, en proportion du terrain qu'il y soustrait.

L'article 647 reconnaît le droit qui appartient à tout propriétaire de se clore.

Cependant, dit cet article, ce droit de se clore ne doit pas faire obstacle au droit de passage des terrains enclavés, réservé par l'article 682 du Code civil.

L'article 648 qui suit, n'a plus, surtout depuis que le droit de *parcours* n'existe plus, c'est-à-dire depuis la loi du 9 juillet 1889, une grande actualité.

La *vaine pâture* qui aussi avait été supprimée, puis ensuite rétablie, n'a plus non plus grande importance, par suite des limites qui lui ont été tracées dans la loi du 22 juin 1890 qui l'a rétablie.

Le texte de cette loi, qu'il est utile de connaître, est ainsi :

« L'abolition du *parcours*, c'est-à-dire du droit de vaine
« pâture qui se fait de commune à commune est main-
« tenue dans toute son intégrité ; mais la *vaine pâture*, c'est-
« à-dire le droit qu'ont les habitants de la même commune
« sur les propriétés de cette commune, lorsque les pro-
« duits sont enlevés, est maintenue dans toute son intégrité,
« lorsque le droit à la *vaine pâture* est fondé sur *un titre*
« ou un *usage immémorial*, et que ce droit est déterminé,
« qu'il n'est pas établi sur la généralité du terroir de la
« commune ou d'une section de la commune.

Il faut encore, même dans les conditions immédiatement ci-dessus, que le maintien des droits de vaine pâture ait été demandé avant le 23 juin 1891, soit par le conseil municipal de la commune, soit par les intéressés eux-mêmes.

Cette réserve est dans la loi du 22 juin 1890.

Le droit de communauté de pâturage des prairies, droit qui appartient à certaines communes, n'est pas la même chose que la vaine pâture, ce droit n'est pas, lui, aboli par les lois précitées et n'est pas modifié par elles.

Ce droit de communauté du pâturage, lorsqu'il résulte d'un titre est un obstacle au droit de se clore ; mais lorsqu'il repose seulement sur l'usage, ce n'est nullement un obstacle au droit de se clore (article 11 de la loi du 6 Octobre 1791, titre 1, section 4).

La commune à qui appartient le droit de pâture commun, le règle comme elle l'entend, et aucune restriction ne lui est imposée.

CHAPITRE DEUXIÈME

DES SERVITUDES ÉTABLIES PAR LA LOI

649. Les servitudes établies par la loi ont pour objet l'utilité publique ou communale, ou l'utilité des particuliers.

650. Celles établies pour l'utilité publique ou communale ont pour objet le marchepied le long des rivières navigables ou flottables, la construction ou réparation des chemins et autres ouvrages publics ou communaux. — Tout ce qui concerne cette espèce de servitude est déterminé par des lois ou des règlements particuliers.

651. La loi assujettit les propriétaires à différentes obligations l'un à l'égard de l'autre, indépendamment de toute convention.

652. Partie de ces obligations est réglée par les lois sur la police rurale; — Les autres sont relatives au mur et au fossé mitoyens, au cas où il y a lieu à contre-mur, aux vues sur la propriété du voisin, à l'égout des toits, au droit de passage.

Dans ce chapitre on ne s'occupe que des servitudes relatives aux propriétés particulières.

Et si, dans les articles 649 et 650, il est parlé des servitudes publiques ou communales, ce n'est que pour dire que ces servitudes feront l'objet de lois et de règlements particuliers.

Quant aux articles 651 et 652, si ces articles traitent de l'utilité des particuliers, ce n'est que pour dire, sous une forme générale, que les propriétaires sont astreints les uns à l'égard des autres, à différentes obligations, que partie de ces obligations existent indépendamment de toutes conventions, que le surplus est réglé par les lois sur la police rurale, et par ce qui est dit du mur et du fossé mitoyen, des vues, de l'égout des toits et du droit de passage.

Ce chapitre deuxième est divisé en cinq sections :

La première, du mur et des fossés mitoyens ;

La deuxième, de la distance des ouvrages intermédiaires ;

La troisième, des vues sur la propriété de son voisin ;

La quatrième, de l'égout des toits ;

Et la cinquième, du droit de passage.

SECTION PREMIÈRE

Du Mur et des Fossés Mitoyens

Cette section qui comprend vingt-un articles est divisée, pour son étude, en quatre paragraphes :

Le premier, des clotures mitoyennes en général ;

Le deuxième, du mur mitoyen ;

Le troisième, des réparations communes aux maisons à plusieurs étages ;

Et le quatrième, de la distance à observer pour les plantations.

Le titre qui est donné à cette section est incomplet, puisqu'on s'y occupe d'autre chose que du mur et des fossés mitoyens. On est obligé, afin de plus de clarté, de faire la division en paragraphes ci-dessus, qui permet aussi de tenir compte des additions apportées par la loi du 20 août 1881, loi modificative des articles 666, 667, 668, 669, 670, 671, 672 et 673 du code civil.

§ Ier

Des clôtures mitoyennes en général

666. Toute clôture qui sépare des héritages est réputée mitoyenne, à moins qu'il n'y ait qu'un seul des héritages en état de clôture, ou, s'il y a titre, prescription ou marque contraire.

667. La clôture mitoyenne doit être entretenue à frais communs ; mais le voisin peut se soustraire à cette obligation en renonçant à la mitoyenneté.

Cette faculté cesse si le fossé sert habituellement à l'écoulement des eaux.

668. Le voisin dont l'héritage joint un fossé ou une haie non mitoyenne ne peut contraindre le propriétaire de ce fossé ou de cette haie à lui céder la mitoyenneté.

Le copropriétaire d'une haie mitoyenne peut la détruire jusqu'à la limite de sa propriété, à la charge de construire un mur sur cette limite.

La même règle est applicable au copropriétaire d'un fossé mitoyen qui ne sert qu'à la clôture.

669. Tant que dure la mitoyenneté de la haie, les produits en appartiennent aux propriétaires par moitié.

670. Les arbres qui se trouvent dans la haie mitoyenne sont mitoyens comme la haie. Les arbres plantés sur la ligne séparative des deux héritages sont aussi réputés mitoyens. Lorsqu'ils meurent ou lorsqu'ils sont coupés ou arrachés, ces arbres sont partagés par moitié. Les fruits sont recueillis à frais communs et partagés aussi par moitié, soit qu'ils tombent naturellement, soit que la chute en ait été provoquée, soit qu'ils aient été cueillis.

Chaque propriétaire a le droit d'exiger que les arbres mitoyens soient arrachés.

*Ces articles 666 à 670 inclus sont les articles du Code civil
modifiés par la loi du 20 août 1881.*

Toutes les clôtures, quelles qu'elles soient, sont soumises aux règles générales posées par l'article 666.

Le mur, la haie, le fossé, etc., sont réputés clôtures mitoyennes, lorsque les conditions énoncées par cet article se rencontrent.

La clôture mitoyenne, c'est-à-dire la clôture qui est sur la limite de deux propriétés contiguës appartenant à des maîtres différents, est dans toutes ses parties, d'après l'article 667, soumise à un entretien commun.

Si les frais d'entretien commun, même article, sont trop onéreux pour l'un des copropriétaires mitoyens, celui-ci, quelle que soit la clôture, peut s'en exonérer en abandonnant sa mitoyenneté.

. Il est cependant des cas, où cet abandon ne peut se faire, c'est lorsqu'il s'agit d'un mur, lorsque comme l'indique l'article 656, ce mur soutient un bâtiment, et lorsqu'il s'agit d'un fossé, ce fossé sert habituellement aux eaux d'écoulement, article 667 précité.

En dehors de ces cas, l'abandon de la mitoyenneté peut toujours être fait par celui qui veut se décharger des frais rendus nécessaires par les réparations à faire.

La clôture qui sépare deux héritages n'est pas toujours mitoyenne ; cette clôture n'est pas mitoyenne si au lieu d'être placée sur la ligne de séparation des deux fonds, elle est placée exclusivement sur l'un des deux.

Lorsque cette clôture est un mur, l'article 661 rappelé dans le paragraphe suivant permet d'en acquérir la mitoyenneté.

Mais, si cette clôture est une haie ou un fossé, la mitoyenneté, aux termes de l'article 668, la mitoyenneté n'en peut être acquise, malgré celui qui en est propriétaire.

La seconde partie de l'article 668, qu'il aurait été plus logique de placer à la suite de la première partie de l'article 667, seconde partie qui indique que le propriétaire de la haie mitoyenne peut la détruire jusqu'à la limite de sa propriété à la seule charge de construire un mur sur cette limite, et que le copropriétaire d'un fossé qui ne sert qu'à la clôture peut faire la même chose, est le complément du droit d'abandon de la mitoyenneté.

La haie est détruite à sa limite, le fossé est comblé, alors un mur dont la construction est exigée est élevé.

Ce mur étant construit exclusivement sur le terrain de celui qui fait cesser la mitoyenneté, est sa propriété exclusive.

L'article 669 ne fait que rappeler une chose bien naturelle : *tant que dure la mitoyenneté de la haie, les produits en appartiennent aux propriétaires par moitié.*

Cependant, malgré cette remarque, cette affirmation a sa raison d'être, dans le désir du législateur de déraciner une habitude ancienne : *le partage du produit de la haie mitoyenne proportionné à l'état des branches pendantes.*

Les arbres qui se trouvent dans la haie mitoyenne, comme les arbres qui se trouvent sur la ligne séparative des deux héritages voisins, sont, aux termes de l'article 670, mitoyens comme la haie, et, lorsque ces arbres sont arrachés ou détruits, le partage en a lieu, également par moitié.

Les fruits de ces arbres se partagent également par moitié, quelle que soit la disposition de leurs branches, et aussi quel que soit le moyen employé pour la récolte, soit qu'elle se fasse par la cueillette, par l'ébranlement de l'arbre, soit même que les fruits soient tombés naturellement.

La loi ayant reconnu le droit au partage égal des fruits, quel que soit le mode de la récolte, la conséquence toute naturelle est que le passage sur les deux propriétés pourra se faire sans indemnité, quand aura lieu cette récolte.

Chaque propriétaire a le droit d'exiger, d'après le dernier paragraphe de cet article 670, que les arbres mitoyens soient arrachés.

Cette précaution du législateur n'est pas inutile, et les motifs qui ont justifié l'arrachage de ces arbres, ces mêmes motifs justifient aussi l'arrachage des arbres qui, sans être dans la haie, seraient sur la ligne séparative des deux héritages.

Si cette précaution n'avait pas été prise, il en aurait pu, souvent, résulter entre les copropriétaires mitoyens des difficultés, surtout depuis les nouvelles dispositions relatives au partage des fruits et à leur récolte.

§ II.

Du mur mitoyen

653. Dans les villes et les campagnes, tout mur servant de séparation entre bâtiments jusqu'à l'héberge, ou entre cours et jardins, et même entre enclos dans les champs, est présumé mitoyen, s'il n'y a titre ou marques du contraire.

654. Il y a marque de non-mitoyenneté lorsque la sommité du mur est droite et à plomb de son parement d'un côté, et présente de l'autre un plan incliné. — Lors encore qu'il n'y a que d'un côté ou un chaperon ou des filets et corbeaux de pierre qui y auraient été mis en bâtissant le mur. — Dans ces cas le mur est censé appartenir exclusivement au propriétaire du côté duquel sont l'égout ou les corbeaux et filets de pierre.

655. La réparation et la reconstruction du mur mitoyen sont à la charge de tous ceux qui y ont droit, et proportionnellement au droit de chacun.

656. Cependant tout copropriétaire d'un mur mitoyen peut se dispenser de contribuer aux réparations et reconstructions en abandonnant le droit de mitoyenneté, pourvu que le mur mitoyen ne soutienne pas un bâtiment qui lui appartienne.

657. Tout copropriétaire peut faire bâtir contre un mur mitoyen, et y faire placer des poutres ou solives dans toute l'épaisseur du mur, à cinquante-quatre millimètres (deux pouces) près, sans préjudice du droit qu'a le voisin de faire réduire à l'ébauchoir la poutre jusqu'à la moitié du mur, dans le cas où il voudrait lui-même asseoir des poutres dans le même lieu ou y adosser une cheminée.

658. Tout copropriétaire peut faire exhausser le mur mitoyen, mais il doit payer seul la dépense de l'exhaussement, les réparations d'entretien au-dessus de la hauteur de la clôture commune, et en outre l'indemnité de la charge en raison de l'exhaussement et suivant la valeur.

659. Si le mur mitoyen n'est pas en état de supporter l'exhaussement, celui qui veut l'exhausser doit le faire reconstruire en entier à ses frais, et l'excédent d'épaisseur doit se prendre de son côté.

660. Le voisin qui n'a pas contribué à l'exhaussement, peut en acquérir la mitoyenneté en payant la moitié de la dépense qu'il a couté, et la valeur de la moitié du sol fourni pour l'excédent d'épaisseur, s'il y en a.

661. Tout propriétaire joignant un mur a de même la faculté de le rendre mitoyen en tout ou en partie, en remboursant au maître du mur la moitié de sa valeur, ou la moitié de la valeur de la portion qu'il veut rendre mitoyenne, et moitié de la valeur du sol sur lequel le mur est bâti.

662. L'un des voisins ne peut pratiquer dans le corps d'un mur mitoyen aucun enfoncement, ni y appliquer ou appuyer aucun ouvrage sans le consentement de l'autre, ou sans avoir, à son refus, fait régler par expert les moyens nécessaires pour que le nouvel ouvrage ne soit pas nuisible aux droits de l'autre.

663. Chacun peut contraindre son voisin, dans les villes et faubourgs, à contribuer aux constructions et réparations de la clôture faisant séparation de leurs maisons, cours et jardins assis ès dits villes et faubourgs ; la hauteur de la clôture sera fixée suivant les règlements particuliers ou les usages constants et reconnus, et, à défaut d'usages et de règlements, tout mur de séparation entre voisins, qui sera construit ou rétabli à l'avenir, doit avoir au moins trente deux décimètres (dix pieds) de hauteur, compris le chaperon, dans les villes de cinquante mille âmes et au-dessus, et vingt-six décimètres (huit pieds) dans les autres.

665. Lorsqu'on reconstruit un mur mitoyen ou une maison, les servitudes actives et passives se continuent à l'égard du nouveau mur ou de la nouvelle maison, sans toutefois qu'elles puissent être aggravées, et pourvu que la reconstruction se fasse avant que la prescription soit acquise.

Le mur est la clôture par excellence, et lorsque le mur est dans les conditions de l'article 666, lorsqu'il sépare des héritages en état de clôture, il est, à moins qu'il n'y ait titre, prescription ou marque du contraire, présumé *mitoyen*.

L'article 666 qui établit la mitoyenneté de toutes les clôtures n'abroge pas les articles 653 et 654 qui sont spéciaux aux murs mitoyens, bien au contraire, il les complète et les fortifie.

Le mur mitoyen n'est pas, comme trop souvent dans la pratique, on le considère, une propriété commune, dont chaque moitié appartient au copropriétaire qui y touche.

Les articles 657 et suivants montrent, que dans certaines circonstances, chacun des copropriétaires a des droits sur les parties du mur qui ne sont pas dans la moitié qui se trouve de son côté.

Le mur mitoyen n'est pas non plus, une propriété indivise dans le sens ordinaire, quoique chaque comitoyen ait des droits indivis dans chaque parcelle de ce mur, quelle que soit la position de cette parcelle.

Le mur mitoyen est donc, résumant ces situations diverses, une propriété *sui generis*, une propriété qui a ses règles particulières.

L'article 653 indique les conditions nécessaires pour la mitoyenneté du mur ; mais dans les cas qui sont prévus par cet article, le cas du mur du bâtiment donnant sur un jardin, un enclos, une cour, n'a pas été prévu.

La jurisprudence, et plus tard encore la loi du 20 août 1881, dans son article 666, sont venus réparer cette omission.

Les marques de non mitoyenneté dont fait réserve l'article 653, sont indiquées par l'article suivant 654.

Les marques de non mitoyenneté indiquées par cet article 654 doivent certainement être prises en grande considération ; mais ces marques, surtout depuis le libellé de l'article 666, ne sont plus les seules que les juges doivent apprécier.

Les réparations de la reconstruction du mur mitoyen, sont, non seulement, d'après les dispositions générales de l'article 667, mais aussi, d'après les dispositions particulières de l'article 655, à la charge de tous ceux à qui appartient ce mur.

Ces obligations de la réparation du mur mitoyen, quel que soit l'endroit où ces réparations doivent avoir lieu, sont conformes à la loi et à la logique.

Mais, ces dépenses de réparations, comme il a été déjà dit audit article 667, sont quelquefois onéreuses et sont un motif sérieux de gêne, alors celui qui doit y participer peut s'en exonérer en renonçant à ses droits de mitoyenneté, à moins que le mur, comme il résulte de l'article 656, ne soutienne un bâtiment.

Chaque copropriétaire du mur mitoyen peut s'en servir pour les usages auxquels ce mur est destiné, sans préjudice du droit appartenant à l'autre copropriétaire.

Il peut bâtir contre le mur mitoyen, y faire placer des poutres ou solives dans toute l'épaisseur du mur, à cinquante-quatre millimètres près ; c'est-à-dire dans toute l'épaisseur du mur, moins 0^{m}054.

Ce ne serait, d'après l'article 657, qu'au cas où l'autre propriétaire mitoyen voudrait lui-même placer des poutres à cet endroit du mur, que les premières poutres enfoncées seraient réduites.

Le voisin peut aussi, article 658, mais exclusivement à ses frais, exhausser le mur mitoyen.

Et même, si ces frais d'exhaussement nécessitaient sa reconstruction, cette reconstruction, même article, serait aussi exclusivement à ses frais.

Les facilités accordées par les articles 657, 658 et 659 ne dépendent pas de la volonté du copropriétaire mitoyen, celui qui veut bâtir contre le mur mitoyen, y placer des poutres, l'exhausser, a le droit absolu d'en agir ainsi.

Mais, s'il n'a pas besoin de l'autorisation de son voisin pour obtenir ce droit, il ne peut l'exercer sans un avertissement préalable à l'ouverture des travaux.

Si le voisin averti, sans faire positivement opposition, ne donne pas son assentiment, il faudra, par application de l'article 662, faire régler par experts, les moyens nécessaires pour que le nouvel ouvrage ne soit pas nuisible aux droits de ce voisin.

Si le voisin averti fait opposition, il faudra surseoir, et l'appeler en référé devant le président du tribunal civil de l'arrondissement.

Ce qui est permis pour certains travaux indiqués en l'article 657, l'est aussi, par voie de conséquence forcée, pour d'autres travaux nécessités par une construction contre une autre construction déjà établie.

Ces travaux nécessaires consistent surtout dans les changements et appropriations des pilastres faisant façade sur la voie publique, du mur devenu mitoyen.

Ces travaux consistent aussi, le plus souvent, dans la suppression ou la modification de corniches ou autres ornements.

Si la mesure de l'avertissement préalable est désirable, alors qu'il s'agit des entreprises permises par les articles 657 et 658, la mesure de l'avertissement préalable est encore plus désirable, lorsqu'il s'agit de travaux que la loi n'a pas indiqués, et qui ne sont permis que par voie de conséquence.

D'une façon absolue, l'article 662 doit être appliqué ici, dans toute son étendue et ses exigences.

Le voisin doit, non seulement être informé de ce qu'on veut faire, mais le jour et l'heure de l'exécution des travaux doivent être portés à sa connaissance, assez à temps, pour qu'il puisse les faire étudier et surveiller par des personnes compétentes par lui choisies.

Lorsqu'il ne s'agit que de petits travaux, tels que plantations contre le mur mitoyen, applications de treillages, peintures, appui de petits bâtiments, enfin de tous travaux qui ne s'incorporent pas, ni ne modifient la construction mitoyenne, il n'est pas besoin d'accord préalable, on peut les faire sans avis.

La mitoyenneté du mur résultant de sa position à cheval sur deux propriétés distinctes et appartenant à des maîtres différents, ne donnait pas au mur mitoyen, ainsi entendu, l'importance qu'on en voulait tirer.

C'est pour remédier à ce point de vue trop limité que l'article 661 dut son origine, et c'est à son addition aux textes, qu'on doit la régularité et la facilité de construction qu'on rencontre dans nos villes.

Aux termes de cet article 661, tout propriétaire joignant un mur a la faculté de le rendre mitoyen en tout ou en partie.

Celui qui, dans ces conditions, veut acquérir la mitoyenneté, n'a pas à justifier des motifs qui lui font acquérir; son droit d'acquisition est imprescriptible, et il ne peut y renoncer.

Comme, en vertu de l'article 675, on ne peut, sans accord préalable, ouvrir des jours ou des vues dans le mur mitoyen, il en résulte par voie de conséquence, que si des jours ou des vues existent dans le mur dont on a acheté la mitoyenneté, qu'on peut toujours les faire boucher, du moins les jours.

S'il n'en est pas de même, au point de vue du droit de fermeture des vues, c'est que si les jours ne peuvent s'acquérir par prescription, les vues, elles, peuvent être acquises ainsi.

Passant l'article 662 qui a été suffisamment expliqué plus haut, lorsqu'il s'est agi de l'article 657, on arrive à l'article 663 dont l'étude nécessite certains développements.

Dans les villes et faubourgs, dit cet article, chacun peut contraindre son voisin à contribuer aux constructions et réparations de la clôture faisant séparation de leurs maisons, cours et jardins.

La hauteur de ces murs est fixée par des règlements ou des usages reconnus, et à défaut d'usages et de règlements, ils doivent avoir, dans les villes de 50,000 habitants et au-dessus, trente-deux décimètres (10 pieds) et dans les autres, vingt-six décimètres (8 pieds).

Dans les campagnes, ou mieux, dans les lieux autres que villes et faubourgs, le voisin ne peut pas contraindre son voisin à construire un mur mitoyen.

Et même, la doctrine est divisée sur la question de savoir si le voisin, dans les villes et faubourgs, ne pourrait pas se dispenser de prendre part à la dépense, en invoquant l'article 656, et en offrant la moitié du terrain nécessaire, s'il s'agit d'une construction.

Quoique la jurisprudence soit généralement fixée dans le sens de l'affirmative, notamment dans l'Aisne et les départements limitrophes, quoique aussi, les motifs qui portent à le décider ainsi, soient des plus plausibles, il faut, quand le cas se présente, agir avec la plus grande prudence.

Le mur construit, en conséquence de l'usage qui remplace les dispositions de l'article 663, le mur construit ainsi est *mitoyen*, et le voisin, qui n'a fourni que la moitié du terrain sur lequel il s'élève, n'aura plus, l'orsqu'il voudra s'en servir, qu'à payer la moitié des dépenses faites pour sa construction.

Lorsque les terrains sur la séparation desquels on veut élever le mur mitoyen dont est mention en l'article 663, sont de même niveau, l'application des règles ci-dessus, ne laisse aucune hésitation.

Mais, quand les terrains qui doivent être séparés par ce mur mitoyen sont de hauteurs différentes, qu'un mur de soutènement préalable doit être construit, l'indécision commence.

Pour se fixer dans ce dernier cas, il faut envisager les deux positions qui, dans l'application, peuvent se présenter.

Le voisin à qui appartient le terrain le plus élevé demande à l'autre voisin de contribuer à la construction du mur mitoyen

Ou le voisin à qui appartient le terrain le plus bas, demande cette construction.

Dans le premier cas, le voisin sollicité de construire, n'a, en conséquence de l'usage adopté, qu'à fournir la moitié du terrain nécessaire à l'édification du mur de séparation, et le voisin qui a requis, aussi conformément à l'usage adopté, devra faire seul le mur de séparation qui aura pour base le mur de soutènement, que, par voie de conséquence, il devra faire également seul, sur le terrain fourni en partie par l'autre voisin et en partie par lui.

Dans le second cas, le voisin sollicité, c'est-à-dire le voisin à qui appartient le terrain le plus élevé, ne participera pas aux dépenses du mur de séparation, mais devra faire construire à ses frais exclusifs le mur de soutènement, ce mur étant devenu indispensable à l'édification du mur mitoyen de séparation.

Si le voisin, propriétaire du terrain supérieur, ne voulait point faire ce mur de soutènement, il devrait donner à son terrain l'inclinaison qui permettrait la construction du mur de séparation mitoyen dans les conditions prévues dans le premier cas.

Cette inclinaison suffisante est, selon l'usage, un talus qui aurait pour base la moitié de la hauteur du terrain.

De cette façon, le mur de séparation, construit sur partie du terrain inférieur et partie sur l'autre terrain formant la partie la plus basse du talus, rentrerait dans les conditions ordinaires.

L'article 665 fait la clôture de ce second paragraphe de la section première ci-dessus.

D'après cet article, lorsqu'on reconstruit un mur mitoyen, ou une maison, les servitudes actives ou passives se continuent à l'égard du nouveau mur et de la nouvelle construction.

Ce que cet article dit du mur mitoyen ou de la construction, il faut l'étendre également à la reconstruction de tout autre mur ; les servitudes actives et passives revivent aussi, quand on démolit en tout ou en partie un mur appartenant en propre à l'un des voisins.

La conservation de l'état antérieur de la servitude étant la condition essentielle de cette continuation, il est prudent, avant de démolir un mur qu'on veut rebâtir, de faire dresser l'état des servitudes résultant de la situation de ce mur.

On verra plus loin que le bénéfice accordé par l'article 665 au mur et à la construction, ne s'étend pas aux plantations, que celles-ci, lorsqu'elles viennent à disparaître, si elles n'étaient pas à distance, ne peuvent être remplacées que par d'autres plantations mises à distance.

§ III

Des réparations communes aux maisons dont les étages appartiennent à des propriétaires différents.

664. Lorsque les différents étages d'une maison appartiennent à divers propriétaires, si les titres de propriété ne règlent pas le mode de réparation et reconstruction, elles doivent être faites ainsi qu'il suit : — Les gros murs et le toit sont à la charge de tous les propriétaires, chacun en proportion de la valeur de l'étage qui lui appartient. — Le propriétaire de chaque étage fait le plancher sur lequel il marche. — Le propriétaire du premier étage fait l'escalier qui y conduit ; le propriétaire du second étage fait, à partir du premier, l'escalier qui conduit chez lui, et ainsi de suite.

L'article 664, dont l'application n'existe pour ainsi dire que dans le midi de la France, n'a prévu que le cas d'une maison divisée dans le sens horizontal, et n'a nullement prévu le cas d'une maison divisée dans le sens vertical.

Il faut d'abord s'en rapporter aux titres, lorsque la difficulté se présente ; et seulement, lorsque les titres ne diront rien, ou ne seront pas assez explicites, il faudra s'en rapporter à l'article 664, qu'il faut considérer, sauf cette réserve, comme s'appliquant aux deux cas.

Si les changements ne sont prévus, ni par les titres, ni par l'article 664, il n'y a que le consentement de tous qui puisse être envisagé.

Les maisons divisées par étages, que la division soit horizontale ou verticale, sont soumises aux mêmes règles en raison de leur indivision.

Ces maisons divisées par étages ou dans le sens de la longueur ne sont pas les seules choses affectées des obligations de l'indivision.

Des cours, des allées, des chemins, des puits, des abreuvoirs, des fosses d'aisances, etc., peuvent aussi être affectés de ces obligations.

Les mêmes règles que celles ci-dessus, pour les maisons, leur seront applicables.

A défaut de titres, il devra y avoir entente entre tous les ayants droit à la chose commune, et si l'entente ne peut se faire, la justice en décidera.

Ces indivisions qui ont le même principe, et qui, quand il n'existe pas de titre ou de conventions particulières, ont pour règle l'article 654, qui est au titre des servitudes, sont des servitudes elles-mêmes, et comme telles ne sont point personnelles.

Les propriétaires des immeubles indivis ont seuls droit d'en user, et n'en peuvent user que dans l'intérêt et pour l'usage de ces immeubles.

§ IV

De la distance à observer pour la plantation des arbres.

671. Il n'est permis d'avoir des arbres, arbrisseaux et arbustes près de la limite de la propriété voisine, qu'à la distance prescrite par les règlements particuliers actuellement existants, ou par des usages constants et reconnus, et à défaut de règlements et usages, qu'à la distance de deux mètres de la ligne séparative des deux héritages pour les plantations dont la hauteur dépasse deux mètres, et à la distance d'un demi mètre pour les autres plantations.

672. Le voisin peut exiger que les arbres, arbrisseaux et arbustes plantés à une distance moindre que la distance légale, soient arrachés ou réduits à la hauteur déterminée dans l'article précédent, à moins qu'il n'y ait titre, destination du père de famille ou prescription.

673. Celui sur la propriété duquel avancent les branches des arbres du voisin, peut contraindre celui-ci à les couper.

Les fruits tombés naturellement de ces branches lui appartiennent.

Si ce sont les racines qui avancent sur son héritage, il a le droit de les y couper lui-même.

Le droit de couper les racines ou de faire couper les branches est imprescriptible.

Ces trois articles sont tels qu'ils sont modifiés par la loi du 20 août 1881.

La rédaction de ces articles diffère peu de la rédaction des articles anciens.

L'article 671 modifié ne diffère de l'article 671 ancien, qu'en ceci :

Les arbres à haute tige, disait l'article 671 ancien, ne doivent être placés qu'à la distance de deux mètres de la limite de la propriété voisine, à moins d'usage contraire, les autres arbres ou haies vives qu'à la distance de 0^m 50.

L'article 671 modifié dit la même chose, sauf qu'il supprime toute distinction, entre arbres, arbrisseaux et arbustes.

Quant à l'article 672 nouveau, il est la reproduction de la première partie de l'article 672 ancien.

De même, l'article 673 nouveau est le surplus de l'article 672 ancien, avec cette addition :

Les fruits tombés naturellement des branches pendantes appartiennent au voisin sur qui les branches tombent.

Le droit de couper les racines et de faire couper les branches est imprescriptible.

L'article 673 ancien, n'est rappelé en aucune façon

dans l'article 673 nouveau, ses dispositions se trouvant dans l'article 670 modifié.

La loi du 25 mai 1838, article 6, complète les dispositions de l'article 672, en établissant la compétence des juges de paix, pour faire respecter, quand la propriété n'est pas contestée, les distances imposées par l'article 671.

La loi du 25 mai 1838, sur la compétence, assure aussi l'exécution du premier paragraphe de l'article 673, en donnant aux juges de paix, aussi lorsque la propriété n'est pas contestée, le choix de faire élaguer les arbres et haies.

Ces comparaisons faites, et la compétence établie, l'étude des articles dont l'énumération précède va avoir lieu.

Les prescriptions de l'article 671 doivent recevoir satisfaction, s'il n'existe pas de règlements ou d'usages contraires.

Généralement, les usages locaux déterminent non seulement les distances des plantations, mais aussi, lorsqu'il s'agit des haies, leur hauteur et la périodicité de la coupe de leurs branches.

Les usages qui fixent ces points, en ce qui concerne la haie, établissent en même temps ce qui convient à l'égard des arbres dont les produits périodiques se recueillent par l'étêtement et ce qui regarde les bois taillis dont les produits, en somme, ne sont que des branches dont la coupe a lieu, aussi périodiquement.

S'il n'y a ni règlements, ni usages, ou si les usages sur quelques-uns des cas, sont conformes à la loi, c'est, comme il est dit plus haut, l'application de l'article 671 qui devient nécessaire.

La distance, pour la plantation des haies, des arbres soumis à l'étêtement et des bois taillis, sera de 0^{m}50 de la limite qui sépare du voisin.

Et en ce qui concerne les autres plantations, la distance à observer sera de deux mètres.

Cette distance de deux mètres n'est obligatoire, toutefois, que lorsque deux propriétés privées sont limitrophes.

Mais, lorsque les plantations ont lieu sur un chemin public, pourvu que ce chemin, cependant, ne soit pas une route dont les plantationts limitrophes sont soumises aux prescriptions du décret du 6 décembre 1811, elles peuvent se faire à la limite de ce chemin, s'il a au moins deux mètres de large.

Quand les plantations ont lieu sur un cours d'eau, si ce cours d'eau n'appartient à personne, comme la rivière non navigable, et que la largeur de ce cours d'eau soit d'au moins deux mètres, elles peuvent aussi se faire à la lisière de ce cours d'eau.

Encore, si les plantations ont lieu sur un cours d'eau dont le lit appartient par moitié aux propriétaires riverains et qui a au moins quatre mètres de largeur, elles pourront encore avoir lieu sur la limite de ce cours d'eau.

En outre de ces exceptions ; à la distance ordinaire fixée par l'usage ou par la loi, il existe encore, quoique la jurisprudence sur ce point soit divisée, deux cas qui méritent d'attirer l'attention.

Dans la plupart des circonstances, lorsque l'usage n'est pas bien établi, on tient compte, soit du défaut d'intérêt, soit des convenances du voisinage, soit de l'intérêt réciproque des voisins.

Ces deux cas sont relatifs :

1º Aux plantations qui se font dans les cours et jardins clos de murs ;

2º Aux plantations qui se font entre deux bois.

Dans le premier cas, il n'y a pas d'intérêt, puisque non seulement les murs seront le plus souvent un obstacle à l'envahissement des racines, mais que depuis la loi du 20 août 1881, le droit de couper les branches pendantes est imprescriptible.

En outre, les rapports de bon voisinage qui sont un des agréments de la vie, sont contraires aux exigences du voisin, surtout lorsqu'il s'agit d'arbres fruitiers.

Dans le second cas, l'intérêt bien entendu des deux voisins propriétaires de bois, est, qu'il n'y ait pas sans une utilité bien reconnue, de séparation formée par un espace libre.

La manière de mesurer les distances peut se déduire facilement des explications qui ont été fournies.

Cependant, pour que la situation soit encore mieux fixée, on va faire suivre ces explications de quelques détails sur la pratique en usage à cette occasion.

Si les deux fonds sont séparés par un mur, une haie, un fossé mitoyens, la distance se calcule du milieu du mur, du fossé ou de la haie ; s'il n'est pas mitoyen, le mur, le fossé ou la haie est tout entier compris ou exclu de la distance, selon qu'il appartient ou n'appartient pas à celui qui fait les plantations.

Si les deux propriétés sont séparées par un chemin public, la distance se calcule à partir de la ligne extérieure du chemin sur le fonds voisin.

En sorte que, si de cette ligne au fonds sur lequel on veut faire les plantations, il y a seulement 1^m70, et que la distance légale voulue soit de 2^m, la plantation devra être en retrait de 0^m30.

Si les deux fonds sont séparés par une petite rivière n'appartenant ni à l'un ni à l'autre des riverains, chacun des propriétaires doit compter les distances à partir du bord extérieur du cours d'eau ; c'est-à-dire du bord qui longe la propriété voisine.

Si les deux fonds sont séparés par un petit cours d'eau, un canal ou un ruisseau dont les riverains sont copropriétaires, la distance devra se calculer du milieu du cours d'eau.

Mais si le cours d'eau, canal ou ruisseau appartient à l'un des riverains, celui qui voudra planter sur l'autre bord ne pourra placer ses arbres qu'à deux mètres en deça de sa propriété.

L'article 671 dont on vient de donner les longs développements qui précèdent, n'a en vue que les distances dont l'observation est requise quand on fait des plantations pour la première fois.

Mais quand les plantations sont faites en remplacement d'autres plantations mortes ou détruites, puisque cet article ni aucun autre article du code civil ne s'en occupent, que devra-t-on faire relativement aux distances à observer ?

Ces nouvelles plantations, auxquelles il ne peut être fait application de l'article 665 relatif au mur qu'on reconstruit ; ces nouvelles plantations, conformément à une jurisprudence constante et irrévocablement fixée, se feront à la distance légale, quelle que soit l'origine de la première plantation.

Les plantations ou replantations faites en contradiction des dispositions de l'article 671, seront, dit l'article 672, arrachées ou réduites à la hauteur déterminée par l'article 671, quand il n'y aura pas en leur faveur, titre, destination du père de famille ou prescription.

D'après l'article 673, celui sur qui avancent les branches peut contraindre son voisin à les couper, et même peut couper lui-même les racines qui avancent sur lui.

En outre, il indique que le droit de faire couper les branches et de couper les racines est imprescriptible, que les fruits qui tombent naturellement de ces branches appartiennent à celui sur qui ces fruits tombent.

Lorsque les arbres sont à la distance voulue, il n'est pas douteux que le voisin peut toujours dire, s'appuyant sur l'article 673 : coupez les branches pendantes sur moi.

De même, quand les arbres, par suite de la prescription, ne sont point à distance, le droit du voisin de faire couper les branches pendantes ne paraît pas contestable.

La loi du 20 août 1881 à laquelle on doit les dispositions de l'article 673, n'est du reste, sur ce point, que la confirmation de la jurisprudence de ces derniers temps.

Mais, quand les arbres, non placés à distance légale, doivent leur position à un titre ou à la destination du père de famille, on a le droit de se demander ce qu'il en doit être.

Avant la loi du 21 août 1881, avant d'être mis en présence des termes généraux de l'article 673, on aurait pu incliner pour l'absence du droit de demander, sans limite, la coupe des branches pendantes.

Mais en raison des termes généraux de cet article, il est difficile de ne point dire, que pour l'avenir il sera nécessaire de s'expliquer dans les actes, quant aux branches pendantes, et que l'absence de toute réserve laissera à l'article 673 toute son étendue.

Cette coupe de branches pendantes ne peut avoir lieu à toute époque de l'année sans mettre en péril l'existence de l'arbre.

Un temps opportun, pour la faire, devra être choisi, et si on ne peut s'entendre à l'amiable, le juge le fixera.

Le droit à la coupe des branches pendantes, sauf les restrictions ci-dessus, s'étend à toutes les propriétés, aussi bien aux propriétés plantées en bois, qu'aux autres propriétés, aussi bien aux bois de l'État qu'aux autres bois.

Seulement, les bois de l'État, lorsque les arbres avaient déjà trente ans lors de la promulgation du code forestier (1827), ne sont pas soumis à la servitude de la coupe des branches (article 150 du code forestier).

Les branches pendantes sur le voisin ont des fruits.

Ces fruits se détachent des branches soit *naturellement*, soit par la *cueillette,* soit par *l'ébranlement* de l'arbre.

Si les fruits tombent *naturellement*, ils appartiennent au voisin, d'après l'article 673, et le motif de cette disposition exceptionnelle est certainement de l'indemniser de la perte ou de l'incommodité qui résultent pour lui, de ces branches pendantes.

Autrement il en serait, si les fruits étaient cueillis à la main, ou s'ils étaient récoltés au moyen de l'ébranlement de l'arbre.

La récolte par l'ébranlement de l'arbre peut amener la question de savoir dans quelles conditions doit se faire le ramassage.

On a dit précédemment, lorsqu'il s'est agi de la récolte des fruits de l'arbre qui se trouve dans la haie mitoyenne, que la récolte pouvait s'en faire indifféremment sur les deux terrains voisins de la haie mitoyenne, et que pour faire cette récolte, chacun des voisins avait, en vertu de ce principe qui veut la fin veut les moyens, le droit d'aller sur le terrain de l'autre pour le ramassage.

Mais ici, lorsqu'il s'agit d'un droit particulier à celui à qui appartiennent les branches pendantes, il est difficile, surtout en présence du droit absolu de propriété, de raisonner de même.

Cependant, malgré ce droit absolu, on ne peut admettre que les fruits tombés soient perdus.

Certainement, le voisin, pour ramasser ces fruits ne peut entrer dans la propriété de son voisin, sans la permission de celui-ci.

Mais, si l'entrée de la propriété lui est refusée, il peut mettre le voisin en demeure de lui remettre les fruits tombés.

L'article 673 renferme aussi ce passage relatif aux racines:

Si ce sont les racines qui avancent sur son héritage, il a le droit de les y couper lui-même.

Cette différence de procéder, quand il s'agit des racines, est dans cette explication :

Le voisin n'est pas autorisé à couper lui-même les branches pendantes, parce que non seulement, il pourrait les couper dans une saison inopportune, mais il pourrait les couper de travers et changer la figure de l'arbre.

Ces craintes n'existant pas pour les racines, l'article 673, comme il est dit, lui permet de les couper lui-même.

SECTION DEUXIÈME

De la distance des ouvrages intermédiaires requis pour certaines instructions

674. Celui qui fait creuser un puits ou une fosse d'aisances près d'un mur mitoyen ou non ; — Celui qui veut y construire cheminée ou âtre, forge, four ou fourneau, — Y adosser une étable, — Ou établir contre ce mur un magasin de sel ou amas de matières corrosives, — Est obligé à laisser la distance prescrite par les règlements et usages particuliers sur ces objets, ou à faire les ouvrages prescrits par les mêmes règlements et usages, pour éviter de nuire au voisin.

Les obligations restrictives de l'article 674 ne diminuent en rien le principe de la responsabilité générale de l'article 1382 du code civil.

Malgré ces obligations restrictives, et quoi qu'elles soient remplies, le voisin qui souffrirait des actes de son voisin serait encore en droit de lui demander des dommages-intérêts.

Le voisin peut même, ce qui est une exception, demander que les précautions indiquées par l'article 674 soient remplies, quand bien même, il n'aurait à alléguer qu'un danger éventuel.

Les obligations de l'article 674 ont pour cause la sécurité publique ou l'utilité particulière.

Quand les obligations de l'article 674 ont pour raison la sécurité publique , elles doivent être exécutées, que le mur appartienne à l'un ou à l'autre des voisins.

Quand les obligations, imposées par l'article 674 ont pour raison l'utilité particulière, elles ne doivent être exécutées que lorsque le fait a lieu contre le mur de l'autre voisin.

Et ce n'est que, lorsque le mur est mitoyen, qu'on peut dire que les formalités de l'article 674 doivent toujours avoir lieu.

Quoique cela ne soit pas dit, l'article 674 ne s'applique pas seulement aux constructions et aux dépôts faits contre le mur ; il s'applique aussi aux dépôts contre les autres clôtures, palissades, haies, fossés, etc.

On peut même étendre à d'autres causes que celles qui sont indiquées, l'effet des prohibitions de l'article 674.

Et généralement l'usage indique les moyens préventifs à employer.

Ainsi, on peut demander :

Un contre-mur d'un *demi-pied* d'épaisseur, de celui qui labourera ou fumera un terrain mitoyen avec le voisin ou propre au voisin.

Six pieds de distance entre un fossé ou cloaque, et son terrain.

L'article 674 prévoit quatre espèces principales d'entreprises.

Ces quatre espèces principales d'entreprises sont :

Creuser un puits ou une fosse d'aisances ;

Construire une cheminée ou âtre, forge, four ou fourneau ;

Adosser une étable ;

Etablir contre le mur un magasin de sel ou amas de matières corrosives.

Dans les articles 663 et 671 le législateur indique aussi, comme dans l'article 674 qu'il faut, pour les moyens préventifs à employer, s'en rapporter à l'usage, mais en même temps, formule ce qui devra être fait à défaut d'usage.

Cette sage précaution n'existe pas dans l'article 674, en sorte que, lorsqu'il n'y a ni usage, ni règlement, on est dans l'embarras.

Généralement, on applique, dans ces cas, ce qui est dit dans les coutumes les plus en vue et se rapprochant le plus des habitudes du pays où on se trouve.

Les coutumes, les plus en vue sont : les coutumes de Paris, d'Orléans.

La coutume de Paris porte :

Article 191. Qui veut faire aisances de privés ou puits, contre un mur mitoyen, doit faire un contre-mur *d'un pied* d'épaisseur ; où il y a de chacun côté, puits d'un côté et aisances de l'autre, il suffit qu'il y ait *quatre pieds* de maçonnerie d'épaisseur entre deux comprenant les épaisseurs des murs, d'une part et d'autre, mais entre deux puits suffisent *trois pieds,* pour le moins.

Article 193. Tous propriétaires de maisons en la ville et faubourgs de Paris, sont tenus à avoir latrines et privés suffisants en leur maison.

La coutume d'Orléans dit :

Article 243. Aucun ne peut faire chambres aisées nommées fosses-coyes, latrines ou fosses de cuisine, pour tenir eaux de maison auprès du mur mitoyen, qu'on ne laisse franc le dit mur. Et ce doit être fait le mur dudit puits à retrait, ou fosses-coyes, aux danger et dépens de celui qui fait ledit puits de *pied et demi* d'épaisseur, du moins, s'il n'y a partage, division ou paction, etc.

Article 246. On ne peut faire et tenir puits à retrait, latrines ou esgouts près du puits à eau de son voisin, sans qu'il y ait entre deux *neuf pieds* de distance, pourvu que ledit puits à eau soit premier édifié.

Article 247. Entre un four et un mur mitoyen doit avoir *demi-pied* d'espace vide, pour éviter le danger et inconvénient du feu.

Les coutumes de Bretagne exigeaient huit à neuf pieds, entre lieux d'aisances et un puits.

Les coutumes de Melun et de Reims offraient l'option, entre observer cette distance, ou faire un contre-mur de chaux et de sable de *deux pieds* d'épaisseur.

La coutume de Laon exigeait *dix-sept pieds* de distance.

Les difficultés qui résultent de l'application de l'article 674 sont, aux termes de la loi du 25 mai 1838, soumises en premier ressort, à l'appréciation du juge de paix du ressort d'où dépendent les biens.

Ces sortes d'affaires demandent de la célérité, et souvent aussi la visite des lieux, ce magistrat peut mieux que les juges du tribunal d'arrondissement, donner satisfaction aux nécessités que comporte la situation.

SECTION TROISIÈME

Des vues sur la propriété de son voisin

675. L'un des voisins ne peut, sans le consentement de l'autre, pratiquer dans le mur mitoyen aucune fenêtre ou ouverture, en quelque manière que ce soit, même à verre dormant.

676. Le propriétaire d'un mur non mitoyen, joignant immédiatement l'héritage d'autrui, peut pratiquer dans ce mur des jours ou fenêtres à fer maillé et verre dormant. — Ces fenêtres doivent être garnies d'un treillis de fer, dont les mailles auront un décimètre (environ trois pouces huit lignes) d'ouverture au plus, et d'un chassis à verre dormant.

677. Ces fenêtres ou jours ne peuvent être établis qu'à vingt-six décimètres (huit pieds) au-dessus du plancher ou sol de la chambre qu'on veut éclairer, si c'est à rez-de-chaussée, et à dix-neuf décimètres (six pieds) au-dessus du plancher pour les étages supérieurs.

678. On ne peut avoir des vues droites ou fenêtres d'aspect, ni balcons ou autres semblables saillies sur l'héritage clos ou non clos de son voisin, s'il n'y a dix-neuf décimètres (six pieds) de distance entre le mur où on les pratique et ledit héritage.

679. On ne peut avoir des vues par côté ou obliques sur le même héritage, s'il n'y a six décimètres (deux pieds) de distance.

680. La distance dont il est parlé dans les deux articles précédents se compte depuis le parement extérieur du mur où l'ouverture se fait, et s'il y a balcons ou autres semblables saillies, depuis leur ligne extérieure jusqu'à la ligne de séparation des deux propriétés.

Dans cette section, la vue qui s'exerce par les ouvertures pratiquées dans un mur est la seule dont on s'occupe.

Les cinq articles qui la composent ne réglementent que la vue qui s'exerce derrière un obstacle, que cet obstacle soit un simple mur de séparation ou le mur d'un bâtiment.

La vue libre, la vue en plein champ, la vue réciproque, celle qui permet de voir celui qui voit, n'est en aucune façon visée par les dispositions de ces articles.

La vue peut résulter de simples ouvertures appelées *jours,* destinées seulement à donner la lumière, ou d'ouvertures plus importantes appelées *fenêtres* destinées non seulement à faciliter la lumière, mais aussi à donner l'air et permettre l'examen des héritages limitrophes.

Les vues simples *jours* et les' fenêtres d'aspect étant, pour leur application, en raison de la position des murs, il y a lieu, pour déterminer cette application, d'envisager les murs dans leurs diverses positions.

1ent Le mur est sur la' ligne de séparation des deux héritages ; il est mitoyen ou il appartient exclusivement à celui qui y pratique des ouvertures.

Si le mur est mitoyen, aux termes de l'article 675, aucun des comitoyens ne peut sans le consentement des autres, y pratiquer, ni fenêtres, ni jours.

Si le mur appartient exclusivement à celui qui veut y pratiquer des ouvertures, ces ouvertures ne peuvent être que des jours, et conformément aux articles 676 et 677, ne peuvent avoir lieu qu'avec garniture en fer maillé, et à une hauteur déterminée.

Ces jours n'étant pas établis à titre de servitude, comme il en aurait été de fenêtres, ces jours ne sont point un obstacle aux plantations que le voisin voudrait faire contre ce mur.

Le voisin pourrait même, d'après l'article 661, acheter la mitoyenneté du mur, et devenu copropriétaire mitoyen, il pourrait, usant de l'article 675, faire boucher les ouvertures qui y auraient été pratiquées.

2^{ent} Le mur n'est pas sur la ligne de séparation des deux héritages, mais ne se trouve pas non plus à la distance légale, c'est-à-dire à la distance prescrite par les articles 678 et 679.

Dans ces conditions, ce qui a été dit précédemment s'applique, et on ne peut pratiquer dans le mur que de simples jours, à moins qu'on ne soit dans les conditions particulières ci-après.

3^{ent} Le mur est à la distance légale ; c'est-à-dire à la distance prescrite par les articles 678 et 679.

Le mur étant à la distance légale on peut y pratiquer des vues ou fenêtres, droites ou obliques.

La distance légale n'est pas toujours exigée, il est des cas où des vues ou fenêtres d'aspect peuvent être ouvertes, quoique cette distance n'existe pas.

Ces cas sont :

Les vues se trouvant dans un mur aboutissant à à la voie publique, ou dans un mur près de la voie publique.

Les vues sont dans un mur aboutissant à une cour commune ou un passage, ou près d'une cour commune ou d'un passage.

La raison de ces exceptions est dans la destination de la rue, de la cour commune et du passage commun.

La rue, quelle que soit sa largeur, est destinée à recevoir la vue ; on ne comprendrait pas qu'il en fut autrement.

Il n'en est pas toujours de même de la cour commune ou du passage commun ; il y aurait dans ce cas à tenir compte de la largeur de la cour commune et du passage commun, si ce manque de largeur permettait la vue sur le voisin qui se trouve en face au delà de la cour.

La distance légale n'est pas, non plus, toujours observée, lorsque ces ouvertures sont des portes pleines. ou lorsque étant des fenêtres d'aspect, ces fenêtres donnent à leur hauteur, sur une muraille intermédiaire.

Si cette muraille intermédiaire venait à disparaître, les ouvertures faites, même après trente ans d'existence, devraient disparaître aussi, la prescription, dans ce cas, n'ayant pas eu la publicité suffisante.

Dans le calcul des distances à observer, on doit comprendre les propriétés intermédiaires, quand bien même ces propriétés seraient indivises ou seraient des chemins privés ou des cours d'eau.

Pour le calcul des distances, et les conséquences qui résultent de ces distances, on devra tenir compte, de ce qui a été dit plus haut, lorsqu'il s'est agi du calcul des distances relatif aux plantations.

SECTION QUATRIÈME

DE L'ÉGOUT DES TOITS

681. Tout propriétaire doit établir des toits de manière que les eaux pluviales s'écoulent sur son terrain ou sur la voie publique; il ne peut les faire verser sur le fonds de son voisin.

La rédaction de cet article est dans le sens de l'article 640, et par suite cette rédaction est logique.

En disant que les eaux du toit doivent s'écouler sur le terrain du propriétaire du toit ou sur la voie publique, l'article 681 a fait application de cet article 640, parce que les eaux qui découlent du toit, soit goutte à goutte, soit par une gouttière ne coulent pas naturellement.

Le terrain sur lequel tombent les eaux du toit, lorsque l'eau du toit ne tombe pas directement sur la voie publique, doit avoir une largeur suffisante pour que les eaux, avant

4

de couler sur les propriétés inférieures, puissent s'étendre.

Il est d'usage que cette bande de terrain ait au moins un mètre de largeur.

Si malgré cette largeur de la bande de terrain sur laquelle tombent les eaux du toit, les propriétaires éprouvaient des dommages ou des inconvénients autres que ceux qui leur sont imposés par l'article 640, les propriétaires de la maison où se trouve le toit devraient faire tels travaux qui seraient jugés nécessaires, pour que les eaux en tout ou en partie, arrivent sur la voie publique.

Lorsque le propriétaire du toit ne veut pas laisser derrière son mur un terrain suffisamment large ou suffisamment préparé pour que les eaux s'écoulent de son terrain sur la voie publique, il doit mettre des gouttières, et s'il établit son mur à la limite des deux terrains, ces gouttières doivent être placées sur le mur même.

Lorsque le propriétaire du toit laisse un petit espace entre la construction qui supporte ce toit et le terrain du voisin, cet espace, s'il met une gouttière le long du mur, doit avoir au moins la largeur de cette gouttière.

En l'absence de toute indication, le propriétaire du mur où est établi un toit est regardé comme propriétaire du terrain sur lequel tombent les eaux, ou du terrain qui se trouve au-dessous de la gouttière, terrain qui, dans l'usage, est double de la largeur de la gouttière.

La présomption ci-dessus ne serait qu'une présomption de servitude, si le terrain sur lequel coulent les eaux du toit, ou au-dessus duquel se trouve la gouttière appartenait à un copartageant, et avait fait avant le partage partie de la propriété dont dépend la construction sur laquelle se trouve le toit.

Enfin, quand le propriétaire du toit fait couler les eaux de ce toit sur la voie publique, il doit pour leur descente ou leur arrivée, se conformer aux règlements de l'autorité municipale.

SECTION CINQUIÈME

Du droit de passage

682. Les propriétaires dont les fonds sont enclavés et qui n'ont sur la voie publique aucune issue, ou qu'une issue insuffisante pour l'exploitation soit agricole, soit industrielle de leur propriété, peuvent réclamer un passage, sur les fonds de leurs voisins, à la charge d'une indemnité proportionnée au dommage qu'ils peuvent occasionner.

683. Le passage doit régulièrement être pris du côté où le trajet est le plus court du fonds enclavé à la voie publique.

Néanmoins, il doit être fixé dans l'endroit le moins dommageable à celui sur le fonds duquel il est accordé.

684. Si l'enclave résulte de la division d'un fonds, par suite d'une vente, d'un échange, d'un partage ou de tout autre contrat, le passage ne peut être accordé que sur les terrains qui ont fait l'objet de ces actes.

Toutefois, dans le cas où un passage suffisant ne pourrait être établi sur les fonds divisés, l'article 682 serait applicable.

Les articles 682, 683 et 684 ci-dessus sont les articles 682, 683 et 684 du code civil modifiés par la loi du 20 août 1881.

Ils ne diffèrent des articles qu'ils remplacent, qu'en ceci :

L'article 682 ancien ne visait que l'exploitation agricole, l'article 682 qui le remplace vise en même temps, et *l'exploitation agricole* et *l'exploitation industrielle*.

L'article 683 nouveau est la reproduction exacte des articles 683 et 684 anciens.

Et l'article 684 nouveau est une nouvelle création, une addition à ce qui existait.

685. L'action en indemnité dans le cas prévu par l'article 682, est prescriptible, et le passage doit être continué, quoique l'action en indemnité ne soit pas recevable.

Les fonds enclavés dont parle l'article 682 sont ceux qui n'ont aucune issue sur la voie publique.

On ne pourrait considérer comme enclavé, ni le fonds qui aboutit à un terrain communal, ni le fonds qui a un passage sur un autre fonds, ni, lorsqu'au moyen de certains travaux qui ne seraient pas trop dispendieux, le terrain enclavé pourrait être mis en communication avec la voie publique.

Tous les fonds, sans exception, clos ou non clos, ont droit de passage sur les autres fonds, à moins qu'ils ne soient dans les exceptions ci-devant, ou à moins qu'ils ne se soient enclavés eux-mêmes.

Les propriétaires des fonds enclavés, ont un droit de servitude de passage, pour l'exploitation agricole et industrielle de leurs fonds.

Ce droit de passage étant réservé à titre de servitude est en faveur des fonds, et non en faveur des propriétaires de ces fonds, ce qui veut dire qu'on n'en peut user que pour l'exploitation de ces fonds.

Ce passage, article 683, doit être pris du côté où le passage est le moins dommageable et le plus court pour se rendre à la voie publique ; en cas de désaccord, ce passage, dans une cetaine mesure, doit être laissé au choix du propriétaire du fonds assujetti, surtout si le terrain assujetti est clos.

Le passage étant déterminé, l'article 682 indique encore qu'il a lieu moyennant une indemnité proportionnée au préjudice éprouvé.

La fixation de l'indemnité, et par suite son paiement,

ne sont donc pas préalables au passage ; de plus si le droit au passage est imprescriptible ; si on ne peut opposer qu'on n'en a pas joui pendant trente ans, il n'en est pas de même du droit à l'indemnité, qui serait perdu si on était trente ans sans le réclamer (article 685).

Lorsque l'enclave résulte, comme il est indiqué dans l'article 684 de la division du fonds, le passage doit être demandé sur les terrains divisés, et ce ne serait qu'au cas où un passage suffisant ne pourrait être donné sur ces terrains, que l'article 682 recevrait son application.

Le passage ne peut être réclamé, en vertu de l'article 682, qu'autant que le fonds enclavé n'a pas acquis le droit de passage sur un autre fonds, parce qu'alors l'enclave n'existe plus.

Mais le décider ainsi, dans tous les cas, ce serait, quoique en théorie cela soit logique, commettre une injustice criante.

Il peut arriver que le passage donné par l'acquisition ne puisse, sans de grands inconvénients, servir à l'exploitation de toute la propriété.

La jurisprudence alors est que les tribunaux doivent tenir compte de ces inconvénients et, s'il le faut, maintenir le premier passage.

Le passage peut s'exercer dans les terrains clos, comme dans les terrains non clos, et même les terrains affectés d'un droit de passage peuvent être clos.

Quand dans un terrain clos, comme dans un terrain non clos, un passage doit être établi, il faut, si un accord n'aboutit pas, tenir compte pour le fixer des besoins du fonds dominant et des convenances des fonds assujettis.

Indépendamment du passage, pour cause d'enclave, il existe aussi d'autres passages, chemins ou sentiers qui n'ont aucune part d'application dans les articles 682 à 685, et qui par suite, ne s'exercent pas à titre de servitude.

Ces chemins, dont il est parlé ici à titre de simple renseignement, sont des chemins ou sentiers d'exploitation qui, lorsqu'ils n'appartiennent pas aux communes, forment une copropriété affectée d'une servitude d'indivision, copropriété qui est, soit le résultat de la destination du père de famille, soit le résultat d'un accommodement entre les propriétaires ou même le résultat de la prescription.

Les copropriétaires ont un droit dans la chose commune, et ce droit n'est pas plutôt là qu'ailleurs.

Ayant un droit dans la chose commune, ils ont aussi une part dans les charges, et ces charges sont proportionnées à l'intérêt de chacun.

CHAPITRE TROISIÈME

DES SERVITUDES ÉTABLIES PAR LE FAIT DE L'HOMME

SECTION PREMIÈRE

DES DIVERSES ESPÈCES DE SERVITUDES QUI PEUVENT ÊTRE ÉTABLIES SUR LES BIENS

686. Il est permis aux propriétaires d'établir sur leurs propriétés, ou en faveur de leurs propriétés, telles servitudes que bon leur semble, pourvu néanmoins que les services établis ne soient imposées ni à la personne, ni en faveur de la personne, mais seulement à un fonds et pour un fonds, et pourvu que ces services n'aient d'ailleurs rien de contraire à l'ordre public. — L'usage et l'étendue des servitudes ainsi établies se règlent par le titre qui les constitue ; à défaut de titre, par les règles ci-après.

687 Les servitudes sont établies ou pour l'usage des bâtiments, ou pour celui des fonds de terre. — Celles de la première espèce s'appellent *urbaines,* soit que les bâtiments auxquels elles sont dues soient situés à la ville ou à la campagne. — Celles de la seconde espèce se nomment *rurales.*

688. Les servitudes sont ou continues, ou discontinues. — Les servitudes continues sont celles dont l'usage est ou peut être continuel sans avoir besoin du fait actuel de l'homme : tels sont les conduites d'eau, les égouts, les vues et autres de cette espèce. — Les servitudes discontinues sont celles qui ont besoin du fait actuel de l'homme pour être exercées : tels sont les droits de passage, puisage, pacage et autres semblables.

689. Les servitudes sont apparentes, ou non apparentes. — Les servitudes apparentes sont celles qui s'annoncent par des ouvrages extérieurs, tels qu'une porte, une fenêtre, un aqueduc. — Les servitudes non apparentes sont celles qui n'ont pas de signe extérieur de leur existence, comme, par exemple, la prohibition de bâtir sur un fonds, ou de ne bâtir qu'à une hauteur déterminée.

A la condition que les servitudes ne soient ni contraires à l'ordre public, ni imposées à la personne, ni en faveur de la personne, les propriétaires sont libres de les imposer à leurs propriétés.

L'article 637, en définissant la servitude, avait déjà fait connaître le caractère exclusivement *réel* de celle-ci.

L'article 686 ne fait que compléter cette idée, en ajoutant *qu'il faut que la servitude ne soit imposée ni à la personne, ni en faveur de la personne.*

La servitude n'a pas une existence distincte de la propriété, ce qui est indiqué plus haut, lorsqu'il est dit que son caractère est exclusivement réel ; on ne peut l'aliéner sans aliéner en même temps, la propriété, également, on ne peut la louer sans la propriété.

D'après l'article 688, les servitudes sont *continues* ou *discontinues.*

La servitude est *continue,* lorsqu'elle s'exerce elle-même sans le fait de l'homme : tels, les conduites d'eau, les égouts, les vues et autres servitudes de cette espèce.

La servitude est *discontinue*, lorsque pour s'exercer, elle a besoin du fait de l'homme.

Et, d'après l'article 689, les servitudes sont encore *apparentes* ou *non apparentes*.

Mais elles ne sont considérées comme apparentes, que lorsque cette apparence n'a rien de précaire, qu'elle n'est ni passagère, ni équivoque.

SECTION DEUXIÈME

COMMENT S'ÉTABLISSENT LES SERVITUDES

690. Les servitudes continues et apparentes s'acquièrent par titre, ou par la possession de trente ans.

691. Les servitudes continues non apparentes, et les servitudes discontinues apparentes ou non apparentes ne peuvent s'établir que par titres. — La possession même immémoriale ne suffit pas pour les établir, sans cependant qu'on puisse attaquer aujourd'hui les servitudes de cette nature déjà acquises par la possession, dans le pays où elles pouvaient s'acquérir de cette manière.

692. La destination du père de famille vaut titre à l'égard des servitudes continues et apparentes.

693. Il n'y a destination du père de famille que lorsqu'il est prouvé que les deux fonds actuellement divisés ont appartenu au même propriétaire, et que c'est par lui que les choses ont été mises dans l'état duquel résulte la servitude.

694. Si le propriétaire de deux héritages entre lesquels il existe un signe apparent de servitude, dispose de l'un des héritages sans que le contrat contienne aucune convention relative à la servitude, elle continue d'exister activement ou passivement en faveur du fonds aliéné ou sur le fonds aliéné.

695. Le titre constitutif de la servitude, à l'égard de celles qui ne peuvent s'acquérir par la prescription, ne peut être remplacé que par un titre recognitif de la servitude, et émané du propriétaire du fonds asservi.

696. Quand on établit une servitude, on est censé accorder tout ce qui est nécessaire pour en user. — Ainsi la servitude de puiser de l'eau à la fontaine d'autrui emporte nécessairement le droit de passage.

Les servitudes ont une triple origine et peuvent être justifiées par :

Le titre ;

La prescription ;

Et la destination du père de famille.

Aux termes de l'article 690, les servitudes *continues et apparentes* s'acquièrent par *titre* ou par la *possession de trente ans.*

Aux termes de l'article 692, les servitudes *continues et apparentes* s'acquièrent aussi par la *destination du père de famille.*

Les propriétaires d'immeubles, ayant la capacité voulue, peuvent constituer la servitude par titre.

Mais cette constitution de servitudes ne peut être opposée aux tiers qui ont des droits sur l'immeuble, qu'autant que, conformément à la loi du 23 mars 1855, elle aura été transcrite.

Et, par tiers qui ont des droits sur l'immeuble, il ne faut pas comprendre les créanciers hypothécaires, parce que l'hypothèque, n'enlevant pas la propriété, n'est pas un empêchement à la constitution de la servitude.

La possession de trente ans, est aussi un moyen d'acquisition des servitudes *continues et apparentes.*

Les conditions mises à cette possession sont indiquées par l'article 2229 du code civil qui s'exprime ainsi :

Pour pouvoir prescrire, il faut une possession continue et non interrompue, paisible, publique, non équivoque et à titre de propriétaire.

La destination du père de famille, d'après l'article

4.

692, est également constitutive des servitudes *continues et apparentes*.

La destination du père de famille existe lorsque deux fonds sont réunis dans la même main et qu'il y a entre eux une relation telle, que la destination du père de famille, c'est-à-dire de celui qui a réuni les heux héritages, constituerait une servitude, si ces héritages appartenaient à des propriétaires différents.

Pendant tout le temps que les deux fonds sont réunis dans la même main, il n'y a pas de servitude.

Mais si cet héritage, par suite d'un acte quelconque, vente, échange, donation ou partage, etc., venait à se diviser, la servitude renaît, à moins que dans ces actes, il ne soit dit le contraire.

L'article 693 indique que, ce doit être par le propriétaire que les choses d'où naît la servitude ont ainsi été mises en état.

La doctrine, et aussi la jurisprudence sans exception, comprennent que le texte de l'article 693, ne veut dire que ceci :

L'état dans lequel se trouvent les deux héritages au moment où la division s'effectue.

En le disant ainsi, on est dans la vérité, car il est indifférent de savoir par qui les choses ont été ainsi établies, et il est logique, qu'il n'est besoin de voir que l'état des fonds *antérieur* à la division de ces fonds.

Etat antérieur que le propriétaire qui a réuni dans sa main les deux héritages, s'est approprié.

Si les servitudes continues et apparentes peuvent s'acquérir par les trois moyens indiqués, les autres servitudes, les servitudes continues non apparentes, les servitudes discontinues apparentes ou non apparentes ne s'acquièrent que par l'un de ces moyens, c'est-à-dire par titre.

Toutefois, en ce qui concerne les servitudes discontinues apparentes, il faut tenir compte de l'article 694 qui paraît comprendre dans son texte les servitudes discontinues, aussi bien que les servitudes continues, il suffit que ces servitudes soient apparentes pour qu'elles puissent s'acquérir aussi par la destination du père de famille.

La seule condition imposée par la jurisprudence pour que la destination du père de famille, soit pour les servitudes discontinues apparentes, un titre d'acquisition, c'est qu'il peut être exigé la reproduction du titre qui a fait la séparation, afin de savoir s'il ne contient aucune convention relative à cette servitude, exigence qui n'existe pas quand la servitude est continue et apparente.

Les articles 692, 693, 694 ne s'appliquent pas seulement à deux héritages distincts ; ces articles s'appliquent aussi à la division d'un héritage en plusieurs lots.

Il faut donc, quand on constate cette division, prendre le plus grand soin relativement aux servitudes à observer, car s'il était fait omission, sur ce point, on pourrait voir certains lots grevés de servitudes inattendues.

L'article 695 est suffisamment expliqué par le rappel de son texte ; il en est de même de l'article 696.

SECTION TROISIÈME

DES DROITS DES PROPRIÉTAIRES DU FONDS AUQUEL LA SERVITUDE EST DUE

697. Celui auquel est due une servitude a droit de faire tous les ouvrages nécessaires pour en user et pour la conserver.

698. Ces ouvrages sont à ses frais, et non à ceux du propriétaire du fonds assujetti, à moins que le titre d'établissement de la servitude ne dise le contraire.

699. Dans le cas même où le propriétaire du fonds assujetti est chargé par le titre de faire à ses frais les ouvrages nécessaires pour l'usage ou la conservation de la servitude, il peut toujours s'affranchir de la charge, en abandonnant le fonds assujetti au propriétaire du fonds auquel la servitude est due.

700. Si l'héritage pour lequel la servitude a été établie vient à être divisé, la servitude reste due pour chaque portion, sans néanmoins que la condition du fonds assujetti soit aggravée. — Ainsi, par exemple, s'il s'agit d'un droit de passage, tous les copropriétaires seront obligés de l'exercer par le même endroit.

701. Le propriétaire du fonds débiteur de la servitude ne peut rien faire qui tende à en diminuer l'usage ou à le rendre plus incommode. — Ainsi, il ne peut changer l'état des lieux, ni transporter l'exercice de la servitude dans un endroit différent de celui où elle a été primitivement assignée. — Mais cependant, si cette assignation primitive était devenue plus onéreuse au propriétaire du fonds assujetti, ou si elle l'empêchait d'y faire des réparations avantageuses, il pourrait offrir au propriétaire de l'autre fonds un endroit aussi commode pour l'exercice de ses droits, et celui-ci ne pourrait pas le refuser.

702. De son côté, celui qui a un droit de servitude ne peut en user que suivant son titre, sans pouvoir faire, ni dans le fonds qui doit la servitude, ni dans le fonds à qui elle est due, de changement qui aggrave la condition du premier.

Dans cette section, il n'est, pour ainsi dire, parlé que des droits du propriétaire du fonds dominant, et ce n'est que dans les articles 701 et 702 qu'on s'occupe du propriétaire du fonds assujetti.

Cette différence est cependant, il faut le dire, plus apparente que réelle, car en s'occupant des droits des propriétaires du fonds dominant, on s'occupe, par opposition, des droits des propriétaires du fonds assujetti ; et faire connaître ces droits autrement, ce serait une superfétation que le législateur a bien fait d'éviter.

Du reste, quand il s'est agi des droits du propriétaire

du fonds servant, il n'a pas omis de les préciser, et s'il n'est pas entré dans autant de détails que lorsqu'il s'est agi des droits du fonds dominant, c'est qu'il ne paraissait pas aussi utile de le faire.

Le propriétaire du fonds dominant, a le droit, article 697, de faire tous les ouvrages qui sont nécessaires à l'exercice de la servitude lui appartenant.

Ces ouvrages, il a le droit de les faire au début de l'exercice de la servitude, comme dans le cours de cet exercice.

Les frais des travaux qu'il faut faire, aussi bien sur son terrain que sur le terrain du fonds assujetti, sont exclusivement à son compte, à moins qu'ils ne servent aussi à l'usage du terrain assujetti ; dans ce cas, le propriétaire du terrain assujetti, en serait tenu proportionnellement, ainsi que l'indique l'article 698.

Lorsque le titre ne fixe pas l'étendue de la servitude, l'étendue de cette servitude n'est pas laissée à l'arbitraire de l'un ou de l'autre des propriétaires.

Cette étendue est fixée par les besoins du fonds dominant, besoins qui sont ceux de ce fonds à l'époque où cette servitude a été établie (article 702).

Non seulement, la servitude du fonds dominant ne peut être exercée que pour les besoins de ce fonds, mais, même, ne peut être exercée que dans l'intérêt de ceux de ces besoins pour lesquels elle a été établie.

Aux termes de l'article 700, si l'héritage pour lequel la servitude a été établie vient à être divisé, la servitude reste pour chaque portion, sans que néanmoins la position du fonds assujetti soit aggravée.

Si la servitude est un droit de passage, les propriétaires des lots seront tous obligés de l'exercer par le même endroit.

De cette façon la servitude ne sera pas aggravée.

La division peut venir d'une vente à plusieurs personnes, et alors, comme lorsque la division a lieu au moyen d'un partage, la solution doit être la même, toutes auraient droit à la servitude de passage, car lorsque cette servitude a été consentie, elle ne l'a été que pour le service de la propriété, et non pour telle ou telle personne.

Le propriétaire du fonds servant, dont les obligations sont corrélatives aux droits du fonds dominant, doit, aux termes de l'article 701, ne rien faire qui diminue l'usage de la servitude ; il doit souffrir cette servitude, et ne rien faire pour en empêcher l'usage.

Il n'est tenu de faire, si ce n'est dans le cas où l'obligation lui en est imposée, aucuns des travaux nécessaires à son exercice, et même, si le titre lui imposait tout ou partie de ces travaux, il pourrait s'en exonérer en abandonnant la partie du fonds assujetti, et cet abandon porterait sur tout le fonds assujetti, si tout le fonds était nécessaire à l'exercice de cette servitude.

Le propriétaire débiteur de la servitude ne peut rien faire qui tende à diminuer l'usage de la servitude.

Il ne peut changer l'état des lieux, ni transporter l'exercice de la servitude à un autre endroit que celui où cet exercice est établi.

Toutefois, si cette assignation primitive devenait, par des circonstances imprévues, plus onéreux pour le propriétaire du fonds assujetti, ou l'empêchait d'y faire des améliorations, il pourrait offrir au propriétaire du fonds dominant de transporter cet exercice dans un autre endroit aussi commode, et celui-ci serait forcé d'accéder à cette demande (article 701).

La faculté de déplacer la servitude existe aussi bien pour les servitudes dont l'assiette est déterminée par titre, ou par la convention, aussi bien que pour les servitudes qui n'ont pas été l'objet d'une détermination précise.

Ce changement de position opéré, l'assiette de la servitude serait définitivement fixée si la durée de ce changement avait *trente ans*, parce que si la servitude de passage ne peut s'acquérir par la prescription, le mode d'exercice de cette servitude, au contraire, peut s'acquérir par la prescription.

SECTION QUATRIÈME

COMMENT LES SERVITUDES S'ÉTEIGNENT

Les servitudes s'éteignent par le *changement de l'état des lieux,* par la *confusion,* par le *non usage.*

Les articles 703 et 704 sont relatifs à ces changements dans l'état des lieux.

L'article 705 concerne la confusion.

Et les articles 706, 707, 708, 709 et 710 se rapportent au non usage.

§ Ier

Extinction résultant de la destruction ou du changemeut des lieux

703. Les servitudes cessent lorsque les choses se trouvent en tel état qu'on ne peut plus en user.

704. Elles revivent si les choses sont rétablies de manière qu'on puisse en user ; à moins qu'il ne se soit déjà écoulé un espace de temps suffisant pour faire présumer l'extinction de la servitude, ainsi qu'il est dit à l'article 707.

Les servitudes cessent, lorsque leur exercice est impossible, lorsque le fonds servant se trouve hors d'état de procurer au fonds dominant l'utilité qui en faisait l'objet.

Ou bien encore, les servitudes cessent, lorsque le fonds dominant, est lui-même hors d'état de profiter de ces servitudes.

Mais pour qu'il y ait extinction, il faut que l'impossibilité de l'exercice de la servitude soit totale.

Les servitudes revivent, dit l'article 704, si les choses, avant l'arrivée de la prescription, sont rétablies de manière qu'on puisse en user.

Ainsi, si la source qui était tarie, jaillit de nouveau,

L'article 665, qu'on a déjà vu, est encore une application de ce qu'indique l'article 704.

Quand on reconstruit un mur mitoyen ou une maison, les servitudes actives et passives se continuent à l'égard du nouveau mur ou de la nouvelle maison.

La reconstruction non mitoyenne, quoique l'article 665 ne le dise pas, jouit de la même faveur que la reconstruction mitoyenne.

§ II

De la Confusion

705. Toute servitude est éteinte, lorsque le fonds à qui elle est due et celui qui la doit, sont réunis dans la même main.

Cette disposition est une conséquence de ce principe que nul ne peut avoir une servitude sur lui-même.

Toutefois, la réunion, par l'acquisition partielle ou par l'acquisition en communauté, ne ferait pas disparaître la servitude, la confusion supposant la propriété parfaite des deux fonds entre les mains d'un seul.

§ III

Du non usage

706. La servitude est éteinte par le non-usage pendant trente ans.

707. Les trente ans commencent à courir, selon les diverses espèces de servitudes, ou du jour où l'on a cessé d'en jouir, lorsqu'il s'agit de servitudes discontinues, ou du jour où il a été fait un acte contraire à la servitude, lorsqu'il s'agit de servitudes continues.

708. Le mode de la servitude peut se prescrire comme la servitude même, et de la même manière.

709. Si l'héritage en faveur duquel la servitude est établie, appartient à plusieurs par indivis, la jouissance de l'un empêche la prescription à l'égard de tous.

710. Si parmi les copropriétaires il s'en trouve un contre lequel la prescription n'ait pu courir, comme un mineur, il aura conservé le droit de tous les autres.

Les servitudes s'éteignent par le non usage pendant trente ans. (Article 706).

Cette extinction de la servitude par le non usage, ne s'applique qu'aux servitudes conventionnelles, continues ou discontinues ; et suivant qu'elles sont continues ou discontinues, l'article 707 indique leur point de départ.

Le mode de la servitude peut se prescrire, comme la servitude elle-même (article 708).

Ce qui veut dire que si le mode de la servitude, c'est-à-dire la manière de l'exercer, n'a point eu lieu pendant trente ans, qu'il en est de ce mode comme de la servitude elle-même, qu'il est prescrit.

Mais, si le mode de la servitude n'a été exercé qu'en partie, alors le mode de la servitude est seulement modifié.

Ainsi :

Ayant le droit de passage de jour et de nuit dans une

propriété ; pendant trente ans, je n'y suis passé que pendant le jour.

Ayant un passage en voiture, je ne l'ai exercé qu'à pied, pendant trente ans.

Dans le premier cas, le passage de nuit est prescrit et le passage de jour seul reste.

Et dans le second cas, le passage en voiture est prescrit, et il ne reste plus que le passage à pied.

Il arrive aussi assez souvent que le passage indiqué dans le titre comme devant se faire à un certain endroit, est pris à un autre endroit.

Ce changement dans le mode du passage ne peut produire la prescription, quand bien même ce passage se serait effectué ainsi, pendant trente ans.

Le passage nouveau, s'il a duré trente ans, remplace définitivement l'ancien passage, et on ne peut le critiquer en disant que le droit de passage, servitude discontinue, ne pouvant s'acquérir que par titre, le mode de passage ne peut aussi s'acquérir que par titre ; la jurisprudence, d'une façon formelle, reconnaît l'acquisition du mode de passage par la prescription.

DES ACTIONS
AUXQUELLES LES SERVITUDES
PEUVENT DONNER LIEU

Le trouble à l'exercice de la servitude comme le trouble à l'exercice de la propriété, donne lieu à l'action possessoire ou à l'action pétitoire.

L'action est possessoire ou pétitoire, selon qu'il n'y a pas ou qu'il y a contestation de la propriété.

Les actions possessoires, comme les actions pétitoires, sont *réelles*, et par suite sont de la compétence du tribunal d'arrondissement.

Et ce n'est que par exception, que d'après l'article 3 du code de procédure et la loi du 25 mai 1838, ces actions ont été données à l'appréciation du juge de paix.

L'article 23 du code de procédure étant dans son texte, le principe de ces actions, les servitudes continues et apparentes furent d'abord les seules laissées à sa compétence.

Mais plus tard, la jurisprudence étendit cette compétence, d'abord aux servitudes *discontinues* et *apparentes* fondées sur un titre non contesté, puis aux servitudes *discontinues et apparentes* basées seulement sur la destination du père de famille qui vaut titre, non seulement à l'égard des servitudes continues et apparentes, mais aussi à l'égard des servitudes discontinues apparentes, par application de l'article 694 du Code civil.

Cette extension donnée par la jurisprudence, fait que la compétence du juge de paix de la situation des biens.

s'étend à l'appréciation des actions possessoires concernant les servitudes continues et apparentes basées sur la possession et aussi à l'appréciation des servitudes discontinues et apparentes résultant du titre ou de la destination du père de famille.

Les servitudes légales, apparentes, continues ou discontinues, sont aussi, dans sa compétence, puisque basées sur la loi, elles reposent sur le premier de tous les titres.

Les seules conditions mises à cette extension, c'est que, lorsqu'il y a titre, que le titre soit sérieux, qu'il y ait toujours en dehors des servitudes qui ne s'acquièrent que par la possession annale, un commencement de jouissance, et que l'action ait lieu dans l'année du trouble.

L'action au possessoire, une fois engagée, doit être jugée complètement, le possessoire et le pétitoire ne peuvent être cumulés (article 25 du code de procédure).

Le demandeur au possessoire n'est plus admis à agir au pétitoire (article 26 code de procédure); ce sera à lui de bien faire son choix avant d'engager l'action.

Quant au défendeur, il peut agir au pétitoire ; mais si une action au possessoire est formée contre lui, il devra attendre, avant d'agir, que cette instance soit terminée ; et s'il a succombé dans cette instance, il ne pourra agir au pétitoire que lorsqu'il aura exécuté complètement le jugement (article 27 du code de procédure).